I0420338

社会科学精要

孟繁柱

Copyright © 2012 Author Name

All rights reserved.

ISBN:1522868704
ISBN-13:9781522868705

献　　　词

　　本书，为社会科学研究和应用提供参考。

目　　　　录

特别鸣谢

CREATERSPACE. COM
自由、自助出版系统

第一部分

社 会 科 学

人类有优异、独特的思考功能，这是人类建造优质社会的天然基础，也是判断人类价值的客观根据。

人类思考功能之中：信仰功能、逻辑功能、良知功能、使命感功能居于决定性地位。

1、信仰，以未经论证而先信为其显要特征，以信和不信为全部内容。

未经论证而先信或先不信，必然包括和实际承担差错风险，人类的伟大之处就是承担了这种风险。

实践经验和逻辑推论都能够证明，不承担这种风险就是放弃一切思考规则、阻断思考、无法走出零点。

因为起点上没有论证条件。即便知识丰富到今天的如此程度，人类整体或者个体仍然无法承担对每一个问题都实施论证。即信仰功能在今天仍然有其实用性，仍然有特别重要价值。

2、逻辑，用已知推演未知。

逻辑功能，是人类用于思考、做出推论的直接针对现实的实用工具。

已知物种之中只有人类是以逻辑生存、发展的。动物学家对有些看上去很聪明的物种已经做过逻辑能力实验，如果去除牵强附会或人们的善意理解，可以确定，牠们都没有逻辑能力。

原本一级的逻辑原理总量只有几条，动物界无法掌握，而人类掌握并应用得相当广泛，甚至达到滥用程度。

到目前为止，是逻辑确立了人类知识的最坚实、最核心的内容。

逻辑是提供真理的有效方法，即人所能论证和记录的真理。

逻辑是一切科学的灵魂，一切科学发端于逻辑，一切科学都依据逻辑方法。

逻辑以不同起点、不同方面的严肃应用造就了不同门类的科学，不同门类的科学大厦或各个门类科学大厦的总和仍是逻辑的大厦。

没有逻辑便没有到目前为止的各类科学知识。

但逻辑科学不等于全部的思想科学，

仅仅是思想科学之中的一种。

3、良知，是行为的指南针。

放弃良知考虑问题，几乎没有考虑问题的必要。

良知功能，主要是免于人类个体之间的天性碰撞而遭致人类整体湮灭。

人的其他天性同样公平地分配给了每个个体，使个体之间就有了面临矛盾或冲突的可能。良知，是预设的限制手段和保险措施。*已知的其他动物都没有设置这种保险或与人的这种保险手段截然不同。

4、使命感，是超越自我私利而倾向公益，超越现实着眼未来的功能。

使命感，是超越个体生命尺度作用于未来和整体的能力。这种能力，唯人类独有。

使命感、信仰、逻辑、良知等功能，

人人具备，未发现例外。--这是人类自身情况的基本事实。

人类思考功能在初级应用阶段，成就显赫、问题多多。

1、 关于信仰

未经论证而先信的功能，已经遍及文明的全部内容，当然包括已经科学的和等待科学的一切。

其中之一类：在起点，利用了信仰功能作用，紧随其后的是严密的逻辑链条。

其中之另一类：信仰功能会多次、无规则地再出现。

关于不信的内容包括歧视和恐惧。这部分功能对于个人及整个的人类都起到了自我保护作用，其负作用也限制了人的认知范围。而应用于同类，它可能毫无缘由地产生敌视、歧视。

敌视、歧视，在原始情况并不是一无是处，无法确知人类这部分功能在这个阶段使人类保护了哪些和丧失了多少。仅可以大概地说，利多弊少。但是，不可否认的是在某个特定阈限或针对特别情况，弊大于利。

信仰，首先应用到亲情、友情并逐步建立专项思考规则体系。

复杂的成文、不成文的思考规则、行为规则、思想体系等，都需要信仰规则支持。

一套理论，也会有若干信仰设置点，甚至在一套信仰理论之中会有数不清的信仰设置点。

信仰功能的另一面具体作用是信赖或信任。此类作用关系到人类可以组合、合作。

人类建立的亲情、友情尽管是以情感表现，实际是依据思考功能之中的信仰功能确立在先，并在其后一而再再而三地出现去维护情感。人在失去生理性依赖、联系以后仍能建立信赖关系，首先源自于信仰功能，其次是再培植的情感等等其他内容的叠加。

涉及人际关系的所有规则，包括伦理的、道德的、宗教的等等规则，均依据此功能而确立并保留一定的套用、复制痕迹。

复杂的应用现实大致如此，经常以先前规则为规则，拆损前面规则即拆损自存规则。试想，亲情、友情的迷信被毁灭，人际关系的大厦就彻底坍塌。

相对而言，普遍的信赖基础越是不好，亲情的信仰越强、越集中、越被强化。

目前，世界各个地区的父子情深之类的情感情况、血缘关系、姻缘关系等等的情况，都不一样。

一般规律是，次一级或下一层次的可信度不好或较弱，前一级或前一层次的会更强。

普遍信赖程度不论好到何种程度，亲情的信仰都不会消失。亲情、友情的信仰不存在，复杂的成文和不成文的伦理的、道德的、宗教的等等，即涉及信仰功能的全部都将结束，在可预见的未来大抵如此。

所谓的科学系统理论，也是由最初的假定开始，人为的假定概念、假定规则，在使用中不被动摇、不显露缺憾的继续使用，成为与真实对应的人的记录。此类系统的特点是，至少要有一套完整的逻辑链条，多数情况是不止一套逻辑链条。

信仰功能专项开发出的知识，在知识的海洋里占有绝大部分，而全部的人类知识，都不可避免地存在信仰设置点。在具体专项上由于精准度提高，最终与思想、社会、宗教、思想体系等类粗糙成果形成巨大精度差别的知识，通常被叫作科学知识。科学的系统其实就是由精准度划分出来的单独系统。其特点：可以用逻辑方法反复论证。

信仰在第一层次或初级的应用之处，有随机性、自发性，它等待的是：证实—实践---再证实。

人类之所以是伟大的其原因之一，在于人类有了这种功能强大、作用多面的信仰功能。但是，人类不明智之处也在于此：信仰功能的无规则、随机应用，甚至对于成果及伪成果一并盲目信任。

人类在没有发现、承认信仰功能的天然性之时，当然不能正确地使用并论证信仰功能，也必然还不懂得如何有效使用信仰功能，更不会懂得信仰功能滥用的危害性后果。

但毕竟，信仰功能可以显示、可以证明：

其一，人类有所追求。

其二，人类已经在仓促前行之中。

信仰功能的存在和应用，显示出人类进步的胆略和魄力：不先迈出一步就没有以后、就没有未来，不首先设置一种甚或若干种假定，就无法追求确定。

那么显而易见，以信仰功能所确定的一切，都存有"暂时先就这么设定，实用中发现什么解决什么的"要义。

信仰的价值巨大、意义诸多，但主要的价值是：用来追求确定，不应该用来滥造假定。

信仰功能还对人的组织、思想体系、宗教的产生有决定性作用。已知的非科学性的各种思想体系，都是由信仰功能在先而向智慧成熟的努力。

此类思想体系的质量情况，可以查考其信仰应用的情况去评估。

此类各种思想体系，无论是关于权力的或关于宗教的，都设置了信仰支持点、假设点。

此类各种思想体系，都有拒绝论证的部分，只是这部分是已经公开展示还是被隐藏起来的问题。

此类各种思想体系，纯技术性考虑，可以首先找出所有的假设点，此后再评估作用方向、思考阈限、品质、品级。

思想体系与私利的权力结合，思想体系将拒绝纯学术性考虑，失去原本性意义甚至走向反面。

显然，人类在没有获得唯一性正确或终极真理之前，信仰功能的使用应当追求保险方案：

其一，不滥造假定。其二，不滥用假定。

2、关于良知

关于良知，可以产生诸多良性思维定势，规划天性以尽可能不危及他人而展示。

它具有程序或方式的性质，有方法限定的意义。

良知规定了关于人的各项天性使用规则。突破良知的界限再不必寻求终极解释，非善意寻求无善意可言，并最终价值归零。

良知，是道德的天设基石，其以人的存在为先决条件，此后其成为正义、公平、公理存于人间的基础。

事关一个正确的含义又必须附加道德条件之时，天设基石的含义不容质疑，当否定了天的含义或万有真元的含义，人的含义不存在，质疑的终极意义也不存在。

良知功能已经埋设于每个个体：个体以杜绝不必要的损毁其他个体和尽可能满足其他个体为主要特征。

良知，必然成为人际关系规则的设定、改良、取向标准。当然成为个体内心世界的公平尺度，己所不欲勿施于人的道德起点。此后虽然复杂，毕竟许多看上去难以琢磨的各项道德、伦理规则等，均可以回溯至良知。

良知的作用，是人类整体向善和现实不算糟糕透顶的根本原因。

*到目前情况，良知的相关知识是不够用的。

现实之中刑事犯罪、权力犯罪、政治犯罪、宗教犯罪，有多种原因，但也与这种有专门作用的良知知识缺失有关。

理论上或逻辑道理是，从对人的认识到对人的态度、从对大自然的尊重到追寻万有真元，从一个正确的道德起点开始，到以道德指明的目的之间的全过程，如果是基本正确的，就不会有刑事犯罪、权力犯罪、政治犯罪、宗教犯罪等等。

事实当然与理论有巨大差别。

如果是一个正确的起点开始，直至到

道德的目的或道德的最高价值，这种知识一定是强悍的、有说服力的。因为无论什么、或什么程度、什么进程之中，都有质疑至两端的基本理由，诸如：因为什么而开始？最终为了什么？不懈地质疑将使一切不合乎道德的问题裸露。而出于人的事实情况开始的逻辑道理能够证明，不符合人类良知的，最终毫无意义。

当绕开了道德可以明确"正确"，此时的"正确"与道德无关。此时，裸逻辑无意义。

良知相关的知识可以说明，伪知识代替了真知识的位置或始终留有一个真正良知知识的空白，此后的知识与良知无关。此时，必然产生一个最大问题：知识用来干什么？

总之，良知原始意义被盗用，人们就很难再找到良知的天赋含义和终极意义。

所谓的"良知"，由强者指定、权力指定，这当然不良知。

良知、善意、正义之类的，方向性、方法性的价值巨大。这方面的逻辑道理之于实践，必然包括且是首先的，用良知功能去开发关于良知的知识。这类知识一旦缺损，因为什么的连续问题，不会有连续正确的答案。

反证意义的实践也可以说明，无论是用简易的逻辑链条、局部的科学道理、一定时限的真实、千真万确的实惠，只要足够使"含有善意的一切"看上去愚蠢至极或实质性地改变了善的方法、方向及道德价值，人或人的团伙，便有理由邪恶，而却虚荣或实惠的获得者将会自诩成功、自视聪明。因为确实可以有裸逻辑可以证明他们聪明能干。

良知知识缺失，普通意义的科学知识，容易被滥用。很多科学嘴脸的违反人类道德的判断，其实就是局部科学地、实惠证明地指明善意是多么的可笑。

既往的实践已经证明，善意程度最好的，尤其是存在于思想体系条件的或社会规则或秩序之中的，人的其他功能诸如使命感、逻辑、良知等也会有很好的、很正常地存在和较好地使用及发展，随后才表现于社会现象的表面：人们生活美好、科技昌盛。

真正的善，不以揭穿伪善为重要，重要的是要坚决反对以揭穿伪善为名，实质地攻击任何程度、任何角度、任何方面的真善。

以善为基石，不仅是实际、实例有益，还能完成逻辑细节，这是善意的思想体系的科学。

以善为基石，增加确定性内容，增加逻辑含量是更为艰巨的使命。

道德或善恶，会成为人的思考极限、界面或行为质地的分水岭。

　　道德级数低于一定的程度，会把残忍视为正常，也会把残忍作为手段。

　　良知知识缺损，将裸逻辑应用人类，将动物行为规则应用于人类，曾经或现在，都是一种时髦，甚至有些人认为那是一种冷峻风格的严肃思考。其实，这是良知知识方面的无知。

3、关于逻辑

　　关于逻辑，怎样给出定义已经不是问题，怎样应用才能保险，是很严峻的问题。

　　逻辑功能滥用，是一种很特别的逻辑错误。

到目前为止，对人类危害最大的各种愚化方案之中，是用所谓的人类局部科学、有限科学知识，阻止人类道德科学、信仰科学正常发展。诚然，后两者发展的极不完善，"逻辑"获得了可以嘲笑后两者的实力。

逻辑，不过是人的思考功能之一，理论上其不能、也不应该造成反人类的终极后果。事实证明或事实终将证明，任何以科学或逻辑反人类的，最终都不过是不同品级的、不同品类的伪科学。

逻辑使用，始于逻辑起点，终于逻辑链条中断之处。不强求结论，更不必辅以牵强附会索要概括性结论。

逻辑使用，适合于物质财富世界，实用、世俗、眼前的一切。

关于有神论与无神论的议题，关于终极真理等，至少目前尚无逻辑用武之地。

假如，人类通向万有真元或终极真理的进程有实质性进展，即相关假设数量的密度已经足够建立逻辑链条，此时逻辑是有用的。

人类，是智慧水平远远超过生存所需水平的生命。人类的这一特征，就将拒绝任何人把其他生命的律性东西适用于人类社会。

如果一定要把逻辑知识应用于人类社会的信仰系统的知识，仅可以尝试使用于"实验室"，即只可以为长期特别注意者的特别研究或特别考虑，不得应用于社会实践。

在社会实践之中，首先不得作出反人类的结论，也不应该变相污蔑人类，诸如，人类最终无意义的言论等等，都应该废止。

因为人类探索终极真理，仅以"假设

点"论，"假设点"的数量是很少的，期间尚不能架设粗狂的逻辑链条，即便粗狂的逻辑链条已经呈现，也不宜把来自于其他方面的无关的逻辑链条滥用，也包括把存在于下一层次的逻辑链条升级至粗狂或概略高度使用。

稍精密的知识、专业知识，都有其自身的针对性，掌握此类知识固然不宜，但不要将此类知识拿到人类的总策略高度滥竽充数。

关于人类的意义、人类的终点等等终极答案或终极问题，最粗狂的也是最简单的逻辑道理，这种答案不由人主观做出，其必然是已经超出人类范围，是宇宙范围的议题。*

人类现有的那点鸡毛蒜皮科学知识，远远不够回答终极问题。这种鸡毛蒜皮知识总量之内的高水平科学家，不可以以科学嘴脸，站"科学"高度，判决人类毫无意义。

科学家或社会科学家，应该清楚一个道理，如果人类最终是没意义的，再追求政治正确、道德正确都没有什么太大意义。这显然是违背人类基本常识的知识。

4、关于使命感

使命感，是超越自我私利而倾向公益，超越现实着眼未来的功能，是超越个体生命尺度作用于未来和整体的能力。

仅对于人类的文明来说，使命感是一切文明成果可以产生、得以保存的原始原因、原动力。

唯人类独有这样一种超过生命尺度的眼光和去关注大于自己生命尺度的动力或者能量，这种能力预设了后人学习知识的可能条件，也是文明得以延续和进步的原始原因。

人类文化、文明的连贯作用是置于个体的这种内在原因所起到的作用的综合后果。

包括人类，任何一个物种都很难想象，也几乎不可能预先设计非物质的抽象知识叠加方案。

人类到目前为止，仍然没有知识开发、储存、提取的预案。到目前为止的人类，是凭借人类高贵属性的本能盲目地做到了知识积累、智慧成长。这其中更深层次的道理，就在万有真元之处。

人类知识积累、人类智慧成长与使命感功能的作用有关。尽管不一定知道怎样可以做到，考虑到毕竟已经完成的诺大辉煌，人类就有资格兴高采烈，姑且错误在所难免，产生一些垃圾知识也不必面红耳赤。

问题是要绝对禁止任何人以任何理由、以任何条件拿垃圾充当优质成品，杜绝拿垃圾知识当作社会行为规则，不论其是出于无知或出于恶意的故意。

更要绝对禁止以权势、暴力为后盾强行推广垃圾知识。

使命感作用有明显的方向性，朝向是直指整体、直指未来。是社会可以进步的原动力。

这原动力是深藏于每个个体的灵魂深处，成为人类社会必然进步的生理性根据。

假如人类真与兽类相同，社会就不需要进步，也不必考虑未来的最大意义，这使命感就纯粹是多余的负担。

使命感，有天然的、可作用于不同层

次的形态。小范围向大范围的，由近及远的，低层次向高层次等等的层次性。另一面是，各个层次或各种事项都有使命感在发挥作用，使社会进步从多方面展开，这显然更有实际意义。

具体的自然人，可以以自己所在为核心拓展出各种的层次性作用，就一个人而论，可以依据不同时间、不同考虑、不同的顺位而有作用于家庭、村寨、团队、族群、民族、国家、直至全人类的使命感。

使命感这样发挥作用有自然而然的好处。

社会科学要指明的事实是：此方面已经有许多严重问题需要解决。诸如，教化的原因或强权的指定，会把使命感限制于一点或一类，削弱其全方位的、多层次作用。

使命感呈现简单状态，之于社会性的

普遍简单或个体的使命感被简单化，都会产生持久的特定受益者，暂时不考虑哪个特定受益者得到了哪些好处，只考虑社会后果，那就是造成了社会畸形。

职业的、阶层的或阶级的、团队的、党派的、民族的、国家的、宗教的等等使命感，都可以同时存在，而其实质是使命感健全情况下，立体的、多层次作用的某一层面或某一范围而已。

立体作用、多层次作用在具体问题上或一个特定的时间，确实要考虑什么应该优先或如何优先的问题。这些问题不是小问题，但一般而言，人类个体都有自发调节或正确选取的能力。如果说指导是必要的，也应该限于技术性的、知识性的，不应该强行指定或代替选取。

客观、正确、全面的使命感知识，应该怎样，是可以忽略论述的议题。现实情况是，使命感知识发展得相当不健全，在使命感知识的空白区，随机产生的"认为"依据权力功能以强行指定取代了使命感原始功能，使多数人的、立体的使命感意义荡然无存。这种问题的严峻性如此：人类向何处去的大问题，被随便地个性化了。

使命感被不恰当地强化或唯一化，或被暴力或权势指定为唯一而斩断其他，简单化之后的使命感必然畸形。

健康的使命感之于个人的情况，简单而言就是科学正确的应用：着眼于未来、整体，作用于具体。

使命感的真正作用包括：对未来负责、对整体负责，但不拒绝具体作用、各个层次的作用。

任何人，对家庭负责、对民族负责、对阶级负责、对教义负责、对国家负责、甚至对自己的球队负责等等，都各有益处，而却可以同时存在。之于人类社会，必然需要这种多层次、立体的使命感。

任何层次的使命感，不能成为反层次的使命感，也不能代替整体意义的使命感，更不能把一个阶级的使命感或一个教义的使命感或一个国家的使命感，诈称为人类的最高形态、最大形态的使命感，更不能唯一化。

一般而言，因为使命感的功能就是指向未来、整体，这种情况之于个体，使每个个体都有自发选取最大意义的能力，而却人的功能毕竟如此，每一个人都愿意为最遥远的未来、愿意为最大的整体担负责任。

当前的现实，在使命感问题上，排在第一位的问题是：个体使命感被畸形、社会使命感畸形。*

现在，人们原始的使命感已经受到损伤，另外就是相关使命感知识正在胡乱导航。

简单的知识就可以轻易完成这样的证明：针对人类天赋的使命感功能的犯罪，远比直接杀人放火更甚。

考查某一个社会，其社会的使命感状态是重要的、首要的指标。

一般而言，使命感单一就是使命感畸形，社会或个人都是如此。这毕竟产生两种层次性分类，畸形的社会和畸形的个人。

任意某个社会，被一种使命感支配，社会是畸形的并一定有流血性灾难发生、知识性灾难发生。——此前绝无例外，此后也不会有例外。

真正的问题更严重，这个社会的人不把灾难视为灾难，因为使命感是抉择工具，也经常是判断工具。

显然，在当今世界的各个地区，不同程度地存在着同样的任务：拯救人们的使命感功能，解放人们的使命感功能。

以上，已经触及并还将继续触及到两类问题，人的思考功能情况和人的相互关系，或什么质量情况的人和什么质量的秩序。

社会科学就是关于人类活动秩序的科学。

社会科学应用于人类，首先能使人类每个个体思考功能健康健全，并使每个人有机会显示其最大价值。其次是思考功能健康健全人的秩序，依据高质量的秩序，实现人类最大价值。

显而易见的是，此处所称的社会科学，是人类最后的科学或最高层次地位的科学。其他门类的科学都终归要回答事关人类的终极目标*有何种意义，在社会科学之内处于何种地位、何种属性、何种类别。

社会科学研究的对象就是社会活动单元的真实情况、社会现象的真实情况，社会活动单元的活动秩序，及如何科学地构建秩序。

关于人类社会的社会科学，是从人的真实情况开始，研究方法也是科学、逻辑的方法。

社会科学所要求的事实基础，是以认识人的思考功能为先决条件。

社会科学的方法，是逻辑、科学的方

法，自然有逻辑应用范围。

社会科学从现实到可推论的现实。保护由信仰功能产生的有缘由的或无端的假设、猜想、幻想。但不以假设、猜想、幻想为推论根据或社会科学的方法。

社会科学，不触及人类来源、宇宙本源的终极问题，但保护关于终极真理的宗教理论、哲学、猜想。社会科学，既要保护关于终极问题考虑的继续，也要以坚实、世俗的科学，防范各种猜想、幻想或超自然理论应用于社会实践。

社会科学，只考虑至人的思考功能建康健全为止。人的思考功能建康健全之后的多样化意义何在，不完全是终极问题但包含了终极问题。

社会科学，阻止任何因素破坏人的思考功能，当然有义务、有能力剔除思考功能畸形以后造就的畸形知识。

社会科学的一般原则，初级原理、原始原理相当简单。是基于对人的真实认识而产生人类最高贵的判断之后的两个原则：人与人的和平共处原则及更好地和平共处原则。

其一，和平共处原则，同时也是此原则之内的最重要的原理。

其二，更好地和平共处，仅仅是原则，这个原则包括的核心内容是科学的秩序，科学、有益地和平共处。

第二部分

权力-秩序中枢

控制国家或某个社会的权力，是聚集了社会关系并从社会关系的重要连接点产生对社会的控制力。

其一，全部的社会关系或重要的社会关系被聚集。即不聚集全部社会关系或重要的社会关系的权力并不存在。

其二，被聚集的社会关系与权力是同时存在。即被聚集了社会关系而没有权力的情况不会发生，仅仅是产生了权力而此权力却没有占据于社会关系节点的情况也不能发生。

纯粹理论地说，任何一种权力都是社会关系的聚集者。

社会关系的聚集者、社会关系的收集者，必然造就一定程度的整体性。即便是以邪恶开始并以全部的邪恶贯穿全部权力活动史（这种权力在理论上或实践之中都没有），其社会关系的收集规模，也有借鉴意义，也会成为人类向整体性迈进的足迹。

没有权力便没有秩序，并且有了权力其权力便决定秩序的性质。

因秩序的要求、因秩序的需要而有权力。这是权力存在的原因、根据。

长期以来，权力的副产品被注意到了，

由于特别的注意，社会的一切发生扭曲。

权力的副产品就是权力持有人可以获得尊荣、实惠、为所欲为。

最先被扭曲的是权力本身。

权力这种重要的社会因素从家庭走向氏族、部落、国家的大一体化进程之中，脱离了照顾、贡献、责任担当的特性。

文字史以来直至 18 世纪，是享用型权力、私权力施虐的时期。*

享用型权力，人类文字史以前就已经产生，直至延续到现在，享用型权力或叫做私权力现在仍然与 17. 18 世纪以来产生（复苏）的责任型权力并存于世。*

18 世纪以后，人们已经常识性地认定独裁权力、暴政权力是过时的权力。

享用型权力的各种名称产生，主要方式是自我命名，所以私权力与社会制度被命名时，其名称与权力的实质几乎没有任何关系。

抛开权力名称、命名之类的障眼法，只考虑人们被置于的秩序及这种秩序对人的规定及人们行为的被规定性，来看权力属性。这就要从秩序开始。

秩序，是人的秩序。首先的问题，究竟是什么人的秩序，及秩序只能容得什么样的人。

显然浅显的道理，秩序必须是思考功能健全、健康的人的秩序。否则无意义。即简化人的思考功能而要人类的秩序简单化，是错误的方案、是劣质的秩序。

私权力、享用型权力试图简化人的思考功能而要建立简单化秩序的努力，从来就没有停止过，但是，权力也从来就没有得逞过，原因就在于天意植于人类本身的思考功能*。

以蜜蜂或蚂蚁的社会性群体为例，此类生物的知识、智慧是一次性铸造式完成，而人类知识、智慧是累进增长的，且不可遏制。

权力试图简化人的思考功能而完成简单秩序。历史性地看，这不是出于权力的恶意故意，而是出于权力的本能和无知。当权力的功能落实于权力人物时，表现为权力人物的本能和权力人物对人的认识无知。即对人的思考功能认识无知。

最佳的秩序，就是思考功能健康的人有序发挥作用。其含义固然是思考功能健康、健全的人们能和平共处并有序作用于社会。

时至今日，在权力舞台上的现行权力，就本质属性论有两类，一类叫做私权力、享用型权力。另一类是公权力、责任型权力。对应地也有两类质地不同的秩序。

目前的世界，存在两类秩序、两类权力。

两类秩序、两类权力，就完美性论，没有完美的秩序，没有完美的权力。现实如此：

1）所有的权力，都没有对人的思考功能做基本定性，也都不是以人的思考功能权力依据或秩序设计依据。

但是，现存于世的各种权力对人的思考功能保护或戕害程度大不相同。

各种权力其所造成的不同，都是盲目做到的，没有谁刻意要戕害人的思考功能，也没有谁在准确无误地就是要保护人的思考功能。

大致情况并决定两种质地的是：

各种独裁权力热衷于制造单一使命感或单一信仰-使命感产品；

各种民主权力，以人权观念盲目地做到了允许人们思考功能健康健全。

2）现有的各种秩序，都不是以思考功能健康、健全的人能有序发挥作用，作为秩序的目的。

大致情况是：

各种享用型权力，把秩序理解为治安、纪律。其构建秩序的原则就是由上而下的貌似法令的东西。*

各种责任型权力，把秩序理解为包容，其构建秩序的原理是有公约含义的法律。

3）现有各种权力，仍然还是权力副产品处于诱导地位。

大致情况是：

各种独裁权力，其把治下的一切置于权力的私有地位，权力的私有性和享用性特征明显，这一特性落实于权力人物，就是权力人物的尊严、实惠和为所欲为。

各种公权力，尽管权力已经是人民、人类意义的，权力人物已经是权力值守者地位的，但理论上还是承认权力人物的尊严、实惠，但显然不包括为所欲为。

本应该是秩序知识，当以权力知识为起点时，再以政治知识、宗教知识面目再出现时，问题并没有得到缓解，而是更费解。

如果权力价值不是秩序意义的，不是思考功能健康人秩序意义的，而是以下层次的什么民选、民主或法律、法制，等等，那么优质权力对劣质权力而言，没有说服力。因为这个阈限之内就没有明确"正确"的"坐标"，容易产生"随便的正确"。

人类长期的、决定历史走向的权力运动，是人类追求真理的意志、追求终极真理的意志。在这个层面、以这样的角度论述权力人物，即便那些恶魔般的人物也是探索真理、践行"真理"意义的，此时他们的问题就是文明的问题，人类知识的问题，人类智慧水平的问题。

在独裁权力的世界、劣质权力控制的地区，人们追求真理的意志仍然顽强有时明显地要强于民主权力的世界。

一般而言，独裁者本人更急切地需要真理，他们正寻找着正确的、有说服力的关于秩序、权力的知识。唯利是图的小人成为独裁者时，例外。

希特勒的情况可以证明，人类个体的每一个都是信念优先，每个个体都是沿着信仰-使命感的道路前进，向终极真理进发。信仰-使命感知识错误及或秩序权力知识错误，将会让个别技术优秀、个人能力强大的人物成为恶魔。

秩序、权力、政治等等这类相互关联的知识，如果其中的某一个环节出了问题，就会在理论之外的社会实践之中造成灾难。这就相当于，不懂科学，要为不懂科学支付代价，不懂社会科学就一定要支付血的代价。

社会科学知识，有误区、有空白，导致判断失误，再导致社会的集合行为失误。此种情况当然有大规模的流血灾难发生，也当然有权力主导的长时间的、大范围的愚化发生。

以秩序论，秩序史，就是人怎样作为的历史，就是简单秩序向复杂秩序演化的历史，低级秩序向高级秩序发展的历史，劣质秩序向优质秩序演变的历史，优质秩序更科学有益的历史。

秩序史，就是秩序逐渐科学、合理、有益的历史。

以权力史论是狭隘视角的论述，但也可以看到两个大进程，就是两种权力功能的演变史。

时至今日，似乎已经到了唯优质权力普遍存在的前夜。

关于权力，从秩序的视角看，是客观的视角。

秩序的架构关键是秩序中枢，其关键性至于如此程度，秩序中枢与秩序同时产生，有秩序中枢，就有相应的秩序。

此前权力此时是秩序中枢。

秩序、秩序中枢的视角，是客观、科学的视角，这个视角，便于更客观、更科学。

就思想方法论而言，人们通常所说的客观，是有层次、范围界定标准的。例如，两个人之间的讨论，可以就两个人而论的客观。此外，就不难理解，人们所说的客观，可能是某一阶级层次的、国家范围的、民族范围的，或者是全人类范围的等等。最大的客观，就是超出人类范围的，在宇宙范围高度的。

显然，客观一词，至少要包含：1.客观思考意愿。2.猜测的属性。3.努力于客观的实际后果。

社会科学用秩序的角度看权力，首先是科学、客观的态度和努力方向，其次就是相关依据的真实程度，决定此后的客观程度和科学性。*

关于秩序、秩序中枢，当今世界的课题就立刻产生结论：

优质权力和劣质权力并存，劣质权力应该剔除。

优质秩序中枢与劣质秩序中枢并存，劣质秩序中枢应该剔除。

以权力的视角，应该附加优质权力和劣质权力的鉴定标准：

1. 是不是保护人的思考功能建康健全。

2. 是不是在强化某集团利益的使命感，或干脆就是单一使命感。

就秩序而言、秩序中枢而言。只可能适合"唯一正确原理"或"最有益性"考虑，不适合丰富性或多样性考虑。

显而易见的是：错误，不能以丰富性为借口得以保留。所以劣质的权力必须剔除，劣质的秩序中枢必须转变为优质的秩序中枢。

用社会科学思想解读形形色色的独裁权力，宗教独裁、家族独裁、或个人独裁种种，都可以将其归结为劣质权力，而且这是出自于秩序的客观性考虑，此时或此一层面不考虑也不能混淆文明文化传统之类的不同或丰富性说法。*

用社会科学思想解读劣质权力，可以指明其致命危害：就在于其损毁人的思考功能。

以往人们评估独裁权力，注意到选举权，其实在独裁的世界里，从来就没有根除选举权，甚至选举权还很普遍，也很公平。问题就在于，那是被阉割了思考功能之后的人们的选举。

以往人们会注意到言论自由。独裁世界不一概阻止言论自由，这是事实。问题就在于，阉割了思考功能的言论自由，几乎没有言论自由的实际意义。

就因为这类劣质权力损伤人们的思考功能，使人类存在的意义受到实际的质疑。这种质疑，完全可以想象至可能的最宽、最高的客观层面，也完全可以用宗教、哲学、猜想去衡量。因为自然或上帝造人的初衷，就存在于人的原始的思考功能之中。任何邪恶势力不可以改变这一初衷、这一原始功能。

独裁权力，谋求的秩序是治安，要人们规规矩矩地适合私权力为所欲为，其最高境界无非是人群如蚁群、蜂群，规规矩矩地受"天然"头领支配，这显然是欲使人类成为多余的生物。

以上这种说法，或许会遭致质疑，因为那种恶劣情况从来没有发生，也看不出哪个独裁者有明显的这种意图。

劣质权力有可能要完成的那种最恶劣的情况没有发生，这与劣质秩序、劣质权力的努力无关。

人类，在漫长的独裁者统治的岁月里，经过不同种类的独裁洗礼，基本的思考功能还在，这是事实。但这其中有两个原因，都与独裁者的实际作用方向无关。

其一，人的思考功能是先天的，是生理性具备的，独裁者始终没有具备生理性处理的能力。其二，人们寻求自由的意志始终存在，其产生的力量虽然有强弱之分，但至始至终是发挥作用的，这导致独裁者的独裁强度，始终没有达到理论上的极限。

对于各种劣质权力，也不能用历史曾经存在，说明其合理性。

家族权力、氏族权力以照顾、担当属性自然发展，直线产生、发展的应该仅仅是责任型权力。就因为在某个环节突然脱节、突然逆变，产生了享用型权力、私权力。这是另一层次的课题。现在把这种权力暂时当作一种病毒就可以。

劣质权力的劣质性，客观存在、独立存在。

具体的独裁者，确实没有让人们都变成白痴的愿望。但以制造畸形使命感的愿望为例，会说明许多。他们要求人们在一种指定的使命感之内拥有足够享用的价值，因此也会有计划地分发给人们指定的知识。他们这样做，是出于盲动为启动因素的计划，即计划屈从于盲动。

归结为具体的独裁者，其反人类的恶性，显然是有限的，而整个制度的走向，确实是指向万恶深渊。

至此，劣质权力、劣质的秩序中枢，没必要再考虑以何种劣质方式继续存在、以何种让步能使人们继续忍耐的问题。

那么，在当今世界，社会科学的一个重要课题就是如何清除劣质权力、剔除劣质秩序中枢。

一般而言，如果人们认识到劣质权力的实质危害，清除劣质权力的能力和方法几乎同时产生。

人们会质疑，有很多以毕生精力与独裁制搏斗的勇士，有很多批判独裁制的理论家，认识劣质权力应该没有问题。

错！人们，是复数意义的也是概括性的说法，即广大多数，没有认清独裁制的危害，少数人的高明见解放在概论描述下毕竟是少数，其见解不属于常识，也没有文明文化的力量，其力量也不能成为社会的力量。

人们必须懂得这种劣质权力的致命危害，是损害思考功能。这种认识，必须是人类文明层面的，全人类认识高度的。

做一个假设，可以说明问题的实质，用来看清楚全人类的认识能力。

如果有这么一个民主制国家，一致推选一个终身制的头头，也有了一套基本成形的使命感畸形方案，面对这种选举结果，全世界是怎么看？怎么办？

以目前而论，有表示遗憾的、有批判的、有尊重自由选举结果的，甚至还会有其他独裁者弹冠相庆的等等。总之，不会有实质的干预。

社会科学知识面对这种情况，有颠扑不破的论断和果断的实际行动：这是违背历史潮流，这是反人类，这是非法。要毫不迟疑地立即摧毁这套选举机器。

道理相当简单：集体选择自残无效，为尚无选择权的人选择自残无效。

社会科学指明的这些判断和指明的做法，现在行不通，这就是一般知识残缺的实际状况，而却也是若干概略条件，造成了现实的一般情况。

社会科学，要让人们从人类的自身安全考虑，废除劣质权力。而却几乎不需要什么技术性方案，只要认识到自然做得到。否则，必有违反社会科学的恶劣后果，必有不尊重社会科学的危害后果。

　　以保护人的生命安全、思想自由为己任的权力，仅仅是优质权力的初级形态、优质秩序中枢的雏形。

　　社会科学，针对这种情况要求优质的权力或优质的秩序中枢，必须更科学。

　　当今世界，民主权力、责任型权力有种种缺陷，这种种缺陷也是劣质权力、独裁权力、私权力继续存在的间接理由。

　　秩序中枢，以保障人的思考功能建康健全为起码要求，秩序中枢就必须为人们配备必须的知识产品。

　　关于必备知识的内容，必须有严格的界定，必须有安全的传播渠道。这是另一层次、更专业层次的议题。

现在不同的民主国家，就这方面的处理各不相同，但大多数是以教育法规定了接受教育总时数的保障，并没有"保障思考功能健康知识"的界定及可靠供给。这个问题表现在，人们不能直接看到劣质秩序的核心危害所在，也不知道优质秩序基本条件是什么，所以人们的随意性处于无限放射性状态。

许多生长在民主生活环境的人，仅仅是看到劣质权力的某一个方面的好处，就有可能无原则地认为独裁制度也有一定的好处。甚至可以肯定地说，今天独裁世界的骨干，都有起码的自由世界阅历，仅仅凭土生土长、自身繁殖的独裁者的幼苗，已经不可能支撑起独裁制度的重担。因为，时至历史的今日，在制度问题上，经常是干坏事比干好事更难。

秩序中枢，在保障责任型权力属性不

变为前提下，越稳定越好。

无论任何事由，都必须保证秩序中枢的安全和稳定。就这一点，如何把握，当然是必须首先有秩序的眼光，以秩序的要求去看实质，以秩序的角度去对待示威、游行、选举或各类的群情激奋。

忽视了秩序中枢的安全，被各种临时突变，或各种群情激奋左右，秩序中枢一旦被破坏，秩序就崩溃。尤其是民主政治初期，很容易出现不懂政治的人，让更多的不懂政治的人以群情激奋冲垮脆弱的民主政治、秩序中枢。世界各地的成百上千次的民主政治出台又崩溃，大同小异，都没有从秩序中枢之处入手。

优质权力一旦建立，即民主政体已经完成，此时的秩序中枢，对各种社会关系而言，控制的越多越好。

"小政府大社会"是保险和安全的说法，但不是科学的口号。

实质需要考虑的问题是，权力汇集了社会关系，用汇集到的社会关系干了什么？

假如权力用汇集到的社会关系，增加了权力本身的为所欲为幅度，此时当然是"小政府大社会"好。

秩序中枢，掌控了更多的社会关系或子项秩序，总秩序情况会更好。

具体化到掌控，有管理，有适度管理。还包含着同样重要的"不管原则的管理"，其意义仅仅在于掌控，其真正的核心意义在于防范非科学或各种错误入侵。这仅仅视同于守护或保护的责任。

社会关系被权力掌控于手中，此后是各种社会关系被掌控的程度如何，最后才关系到的几个终端问题，人是受到何种待遇的、人类智慧是不是在继续升级、人类知识是不是在继续积累。——即客观研究可以有客观的研究方法，但绝不是使问题更混乱的方法。

无论管控多么宽泛，或用什么方法，最终都是保障思考功能健康健全人，生存有序、行为有序。

秩序项目之中有若干子级秩序，诸如知识产生和应用的秩序、生活用品生产和使用分配的秩序。有些子级秩序如果是不受控制的，也将会使秩序的实际意义受到质疑，甚至最终秩序中枢的安全也受到威胁，直至秩序崩溃。

以秩序论权力，所有社会关系都应该经过权力处理，否则就是不同级数的"无政府主义"，也是不同程度的不科学。此一层面，只考虑权力对社会关系处理得当。

基于这种考虑，"小政府，大社会"就不是正确的说法。这方面的认识误区，已经导致民主权力效益不高，效力不充足，以至于很多民主权力成为独裁权力的笑柄。

思考功能健康、健全的人的秩序，肯定不是简单的秩序。不是凭借自由主义随意泛滥，然后坐等水到渠成。这种高级又复杂的秩序是将严肃科学应用于秩序。这论点在民主制的或法制的社会，是尤其要注意到的。

至于秩序的终端，人们已经思考功能健康健全。此时，对于人表现和动态表现都适合"丰富性"为原则，并这原则直至成为应用情况下的原理。

思考功能健康健全的个体，将会出现什么形态、什么行为，不可以再干预。防范和处置个别个体伤害其他个体或实质性地危害"丰富性"，是以不管为原则的附带原则。

因为，事关思考功能建康健全人的真实意义，可以任人猜测，但不依任何人的判断。这属于基本合格的宗教、哲学的终极问议题，并此时，那些基本合乎一定品质的宗教、哲学、猜想，都已经准确无误地清楚，只有依据人的思考功能科学设计的秩序，才可能保障他们的宗教、哲学、猜想得以继续。*

第三部分

关于宗教

人的思考功能之中的信仰功能，使每个人对人的来源、世界或宇宙的本源、人的意义等有所考虑，都对终极问题、终极答案、终极真理有所思考。没有例外。

关于终极问题、终极真理的思考，人们会依据不同时代的不同思考条件，有所不同。

无论救世主的思考、大树怪、小狐仙崇拜或其他各种神仙思想及实际的造神运动，等等，都是关于终极真理的探索。

各种探索，不同时代之间的对比，有在第一层次上的优劣之分，同一时代之内的优劣之分，等等。但这并不很重要，因为就质地而言，都是猜测性质的。

如果仅就猜测，那就适合丰富性考虑，猜测的越丰富越好，为接下来的论证或再研究提供丰富的预选方案。

至此，有一系列不可以回避的问题，诸如：人的思考功能是怎么产生的？人是从哪里来的？人的意义是什么？这些都又一次地回归终极问题。关于此的回答，人类给出的答案，都是猜测性质的，其中有些猜测，经过论证可以看出其明显的不可信。可信或不可信如果没有危害后果，就都不重要。

以进化论的观点，人类是从低级生物进化而来，人的各项功能，也是在进化之中逐渐具备。

但是，仅仅以人的思考功能来看，正确结论即便还没有产生，也可以有把握地说，一定是另有结论。

人的思考功能之中的信仰功能，主要是个体对整体、对未来考虑的功能，其所指向的未来，明显不是个体自身生命时间之内问题的考虑，而是超越自身生命尺度的终极未来。

显然，人的这种功能与个体生命没有直接关系，对自身的生存也没有直接的帮助。用逻辑理论逆推，也不可能找到哪一种条件可能迫使人类非得具备这种功能不可，否则将被自然淘汰。因为这种功能本来就与个体甚至群体生存没有直接关系，即便是理论假设，也无法人为制造出一种条件，让某种生物从条件压迫之中产生信仰功能。

根据人的情况，可以有多种说法，但应增加这样一种猜测：人的思考功能是天生的，是被预置的。

用信仰功能做出的事关终极真理的猜测，到目前为止，无神论或有神论的质量水平，都一并应该受到质疑。其一，假设或猜想总量明显不足，即丰富度不够。其二，考虑终极问题、探索终极真理的公允精神不够纯净，即经常受到权力思想制约。

关于终极真理、终极问题的考虑，目前只有几个稀疏的点状的议题。*

关于终极真理、终极问题的考虑，是至关重要的大问题，因为社会科学应用到极致完美，人类社会秩序完美到无可附加，也还会有这样的问题，这一切都有什么意义？

这的确是至关重要的学问，甚至是如此程度的，美好秩序就是要保护人的这种思考功能，进而保护这种研究，实现人类的最高价值。（宇宙高度的客观猜测）

人类最高价值，是认识高度或准备达到的认识高度。而破坏这种或放弃这种认识高度，是不科学的，也是没有哲学价值、宗教意义、猜想意义的。

从纯理论角度讲，千百年以来直至现在，关于信仰方面的研究，没有信仰学一说，关于信仰的研究也不是指向终极真理、终极问题，而是指向世俗权力。

以宗教为手段的指向权力、获取权力。这诋毁了信仰研究的声誉或干脆就没有这种声誉，但是、毕竟用猜想损毁了实用意义的秩序。

一般来说，事关终极真理、终极问题的猜想都值得论证，值得研究。

各种猜想的研究，完全可以在专业的专家之间进行。从哪个起点开始，用什么样的方案，如果是专业化进行的，其益处是不可低估的。

千百年以来的问题是，随便一个猜想就可以纠集团伙互殴、教民之间的械斗。仔细观察不难发现，互殴的原因无非是在谋求世俗权力或其他世俗之物。这显然与终极真理的研究，没有任何关系。

各个点状议题的信仰，附加了证据、论证、联想、修辞技术就会逐渐成为理论系统。那些理论系统的严肃性另当别论，如果继续如此的理论研究也不会有什么太大问题。

问题或非常严峻的问题是，某种理论系统与某一团伙结合而出现一种新单元。

某一团伙与某一理论相结合，团伙不再是此前的团伙，理论也不再是此前的理论。

此后，理论走向、团伙走向、这个新单元的走向都再有各自独特的新的规律。

记住这个新单元，至于其名称可能叫宗教、政党或什么小组之类的都有可能。这个新单元，可以把终极问题的考虑解说到具体的现实，神明的意志或人民的意志之类。

　　这种新单元已经显露的副作用是，其一，终极问题的考虑淡化、甚至荡然无存。它冲击了实用秩序、秩序中枢。另一个议题这里并不包括：它也冲击了宗教本身，信仰知识的研究开发，千百年前直至现在，几乎已经全面停止。*

　　今天许多宗教的问题、政党的问题，最大、最实质的问题在哪里，用社会科学的知识是可以解读的，也是可以解决的。

以基督教在欧洲中世纪的作为，可以说明一些实质性的内容。

基督教，是一种质量优秀的宗教，甚至可以假设，如果是质量更差劲的宗教控制欧洲，人类可能自杀工作已经结束，或人类已经退居于一般生物的水平。仅仅是因为这种宗教质量优秀，才产生其退出机制，现在其似乎正逐渐走向对终极问题的思考。

人的思考功能——信仰，决定了人有寻求的动力，至于可以得到什么和不可以得到什么，好像还需要其他功能辅助共同发挥综合作用。现在是从经过几千年可查考的经验之中看，其针对终极真理几乎就是启动的功能，和必然要出发、永不停歇持续前进的功能。凭这种特性，才有理由猜测，其最大用处：事关终极真理。

人类有信仰功能，因此人类必然有信仰产品，人类必然应用信仰产品。

而之于终极意义考虑，使用信仰产品或发明信仰产品，其必须有梯级累进的意义或逐步精密的意义，并始终指向终极真理。

之于终极意义考虑，任何信仰产品都不是至高无上地宝贵，真实情况是，全人类每天扔掉的信仰产品是不计其数的。*

信仰功能所开发的知识或产品是不计其数的，有些已经与信仰功能关系不大，也算不得是信仰产品。*

宗教，显然不是纯净的信仰产品。

一般的宗教教义经典都将以不同方式

触及同类问题：人、人类、万有真元。各类宗教教义也都另外再触及相关项目的道路、方法。很现实的情况是，几乎所有的叫做宗教的，并没有理清这其中的内容，甚至让人们怀疑他们非常惧怕去理清相关内容。

宗教，可以分作两部分看并至少要有这两部分：其一，是关于终极真理的思想体系的部分。其二，是人所组成的组织系统。

宗教的这两个部分都以人类的思考功能为源头，并也都是信仰功能在起主要作用，但两者的形成路径及以后介入因素大不相同。

宗教涉及人际关系的有效应用价值主要是认同、合作。

纯理论的推论就可以暗示出，那些没有被认同、或没在合作范围之内的就容易招致怀疑或敌视，这是宗教歧视的原始问题。

大概在文字史以前，以私欲功能为主的一只力量首先强大起来，并强大到抢夺了社会各种关系的汇集点，以汇集点再控制社会以满足私欲直至为所欲为。这就是私权力、享用型权力占主导地位的漫长时期。这期间几乎一切都在为夺权、护权、享用权力去服务。思想体系或宗教也当然地不例外地成为被利用的工具，被运用于那种权力的夺权、护权、享用权力的三个功能或三个专项或三个阶段之中。

还有另外一种情况，不是宗教被利用，而是宗教直接参加世俗权力争夺战。

以上的以后，绝大多数时间，关于终

极真理的考虑也是关于权力的工具意义的。在很长时间里、多数的地区的宗教，仅仅是某种思想体系的把持者，真正作用是它所特有的组织形式，或者可以认为，起初的思想体系时不时还有一定的作用，而到后来毕竟要形成什么样的组织形式更重要，因为可以用这套组织形式谋取世俗尊严及各种实惠直至权力。

宗教之内，其本身就存在着权力，自身权力扩张也可以强大到控制国家的规模。

探索终极真理一定需要一个稳定的组织或只有一个稳定的组织才有可能组织起人们更有效率地、持续不断地去探索真理。这可以解释宗教产生和存在的根据。

纯粹的理论推论，宗教权力止于宗教权力，止步于世俗权力，止步秩序中枢之外，这是社会科学给定的界限。

如果问宗教权力单独存在有什么意义，显然是为了探索终极真理。但长期以来这种意义或价值并不明显或并不显示其必要性。

毕竟在人的合作的组织之中，就一般性地存有尊严、实物和为所欲为的空间，宗教组织也不例外地存有这一切，这一切原本就容易干扰宗教组织去探索终极真理。历史及现实之中，人们已经不止一次地发现，有些宗教只是剩下了牟取权力的功能。

权力占领宗教或宗教占领权力，其后果都是政教合一。

以往人们说到政教合一，仅仅是说到

各类有神论的政教合一，其实各类无神论也都可以有政教合一。某一种无神论思想体系被一伙人把持，或信仰-使命感产品被一伙人控制，无神论宗教就可以诞生，至于名称叫不叫宗教并不很重要，当其控制权力，无神论的政教合一就诞生。——这是科学时代的特别产物。

宗教所信奉的"最高神灵"，那当然重要，但也并不是十分的重要，其重要性可能就是关于信仰的起点和基本路线的，如果没有起点、没有基本路线，那"最高神灵"无论是什么名目，其可信度的水准仍然是停留于胡乱猜测水平的。

最高神灵，无论命名为"上帝""大树怪""小狐仙"或什么"主义"，如果不能从一种起点走向深奥无穷的大自然，而是停留于在人类人群的深处凝结愚蠢以谋求尊严、财富和为所欲为，启用了什么样高贵的名称也没有什么用处，因为一切都已经成为谋求实惠的手段或招牌。

信仰知识与宗教知识，是两类不同的知识。

人类显然没有开发信仰知识的专业，宗教在历史上开发了一些信仰知识，但主要是关于构建宗教的知识。

宗教知识至少包括两类，一类是宗教如何创制的。另一类是如何用宗教去谋取权力及牟取什么样的权力。现在几乎是后者决定宗教品质。*足见人们对宗教的评估，已经是降格评估。

宗教的作用必须是关系到终极真理，并只有关系到终极真理那宗教才是神圣的，否则既不神圣也不神秘。

因为世上从来就不缺少为满足私欲而去抢夺各种实惠的人或人的团伙。另外，从打家劫舍的土匪到政客，都必然有信仰观、都必有使命感，也就是说，任何人有那么一丁点信仰产品、信仰-使命感知识都不出奇。

宗教的作用本应该是高尚的也确有因此而产生的神秘性。但是有些宗教事实上也只要神秘而不追求高尚，其装神弄鬼地要神秘，其实质是要秘密窃取世俗之物。

针对如此的现实，社会科学可以告诉人们，创设宗教既不神秘，也算不上什么神鬼莫测的技术，甚至文盲或先天弱智也都可以掌握这种技术。

一般而言或一般要求，宗教创设人在同时代属于文化水平偏低，社会经验、知识等一塌糊涂。

知识不严肃、严密，创设宗教的成功率其实更高。这绝不是戏谑的说法，这几乎就是必须条件之一。既往，一个已经掌握了精密知识的人，其去创设宗教的欲望都不会有，其成功率更是免谈。但是，少数不必然如此。现在和未来已经不必然如此。

　　首先，宗教所依据的经典著作或思想体系著述不要求精确或精密，虽然不是越粗糙越好，大体上是必须为以后的聚众说辞或以后的理论辩解留有空间。

　　如果理论不很清楚，那不是毛病，正相反可能是很好的优点。不要担心以后人们的解释才能，一套理论之中即便出现了自相矛盾的说法，也不是大问题，任何一个系统之中跳出一个人来说"那叫神秘"，便一了百了。这种人才多如过江之鲫，这种说法亦如蛙叫虫鸣，都不是稀罕物。

　　设置一套思想体系著述，一不小心而

写得太过精密，可以随机抽掉一些字，也可以随机增添一些字，或者可以随机、随便移动标点符号。即，至少有一部分内容要达到如此程度：不管你是谁、不管你的知识怎样，你无论如何都读不懂。

请记住：这不是嘲笑宗教，因为真正宗教的作用和成因前面已经说过，这是在稍微嘲笑一下现实，真正的现实比这更可笑一百倍。

新宗教、新教派，每天都在产生，只是做大的极其稀少。有些根本就没有什么经典著述，有些有可能要日后去坐宗教领袖或教派头目或者神棍的，根本就不知道什么叫厚颜无耻，是千真万确的精神病。

一套理论之后，还需要一个核心人物。

那个核心人物即宗教领袖人物，要有足够的自信，至于是吃准了芸芸众生就是无知而自信，还是因为自己的无知而胆大至于自信，什么样的自信成因并不重要，重要的仅仅是自信。

此后重要的是先有一批制造迷信的吹鼓手，等到产生大批信徒以后，怎样安排首批吹鼓手另当别论。

预备一套差不多的言论或言论集，一套工作班底，一个迷信化的核心人物，宗教就可以产生。

是不是很多人、很多的组织都有能力制造宗教呢？答案是肯定的。

很多人是因为没有想到才没有做到。

很多人是没有耐心去等待那收取尊严、迷信的时间和条件而已。

是不是什么粗制滥造的宗教都可以在世间立足呢，答案也是肯定的。

人的思考功能造成了这种情况，就好比任何人必须吃东西一样，任何粗制滥造的食物都可能拥有食客。因为人的信仰、使命感功能的原因，任何条件下的任何信仰—使命感产品，都可能有用户，当然什么破烂宗教都可能存于世，至少现在如此。

几乎就是随便的一伙人，如果热衷于制造宗教，就可以制造出一个宗教，当然，把宗教做大还需要其他的机遇，那是另一话题。

那么作为国家，可不可以向敌对国家空投一个宗教改变这个国家呢？当然可以。

有迹象表明，这已经发生过。只是操作细节并不清楚，究竟是放纵的技术还是制造后空投的技术也并不清楚，因为那时的那种程度的历史，那种事件并不在史学家的视线或注意力之内。

一种宗教与一个权力欲望极强的一彪人马如何结合，那是另一种技术，通常情况下，这种技术因为更粗糙可以忽略。

普通国家、一般情况，不大可能指定自己的技术部门去制作一个宗教空投敌国。

国家制造宗教，技术当然不是问题。无论是组织宗教班底还是拣选思想体系等工作，都可以在几个小时之内搞定。

宗教是摧毁国家权力很棒的工具，当然就是很好的改朝换代的工具。但是用宗教击垮一个国家权力的时间精度，是很大的麻烦问题。所以宗教并不能成为国家之间搏杀的通用制式工具。

另外，用宗教去摧毁国家权力，那个被当作工具的"宗教"就会自发地获取权力，委派国即便撤销那套委派的原始班底或停止资助那曾经资助过的班底也没有什么用。宗教获取初级权力以后，是自我成长、自我完善。

宗教夺权之后那权力属性仍然是私权力，私权力的属性就是为所欲为，其制定的敌对势力名单，必然就是限制其为所欲为者的名单。所以就会产生这种特别诡异的现象：越像是祖师爷，越是最危险的头号敌人，将被列入敌对势力名单的首位。

那个宗教投放国，至少要有一段时期被列入头号敌人。这也是一般国家在一般情况下不会使用宗教武器的另一个原因，因为投放国必然在一段时间里是受害国。

一些特定国家，已经掌握思想打结技术和思想解箍技术，也没必要使用宗教工具。毕竟，宗教这种工具的精度性很不可靠。假如今天投放一个宗教而要在以后的三年或三十年才能看到改变敌国权力的后果，那这种工具应用价值的有限性也是可想而知的。

把宗教运用于世俗权力，其粗糙性也是达到了难以预估程度的，它怎样愚化人，把人愚化到什么程度，把人们弄成什么特色，把特色文明再弄成什么特色的文明等等，都无法预估。

现实是，人们无法看到这方面的严峻问题。

有些宗教与终极真理并没有太大关系，有的干脆没有任何关系，宗教团伙、控权团伙是同一彪人马，谋取的是世俗好处，比如尊严、实物实惠、为所欲为。

如果宗教与终极真理无关，仅仅是获取享用型权力、私权力的新竞争者或成为获取私权力的工具，这种宗教不仅仅是没有任何意义，而是一种特别的危害。

如果宗教以某个最高学说为名，实施愚化方案，在事实上或实际后果上是限制了知识产生及传播，这种宗教就是人类社会的病毒，它将造就人类畸形的智慧。

如果宗教蔑视人类，事实上试图灭绝人性、灭绝人类思考功能，这与私权力病毒一样，必须连根拔出。

社会科学知识，告诉人们一个确定无疑的判断，能把宗教或持有猜想理论的团伙从秩序中枢剥离，秩序中枢的效能会更好，真正的宗教也会因为抛弃诱惑因素而再次走向终极真理。

人们应该对宗教必须具有理性的思考：

宗教本身，必须不断考虑向终极真理继续进发，并当然要考虑，什么样的方法最好、什么样的路线最好。

人类，有权利评估宗教，另外至少应该是有能力评估宗教。

如果人类没有评估宗教的能力或没有评估宗教的权利，人类有巨大风险。

就宗教本身而言，也应该清晰、清醒，自身权力的精度水平，远远达不到可以骄傲的水平，世俗权力在独立发展的几百年历史，就已经创造了超过此前全部史的财富，尤其是优质的世俗权力，在保护人的思考功能健全方面的功绩，令很多宗教权力远远不及并由此有嫉恨之态。

就宗教本身而言，如果与终极真理无关，而又另外地必然要争夺世俗权力，是多此一举，是社会多余的力量。

宗教组织也必须要有足够的自知之明，如果迫使世俗权力去打造宗教组织，一年之内打造出十万个宗教轻而易举。事实上，已经有世俗权力在侍养宗教。

就人类而言，仅因为追求终极真理是漫长、艰巨而又至关重要，因此有稳定的力量和人员投入，再因此相关人员有适当的尊严和荣誉。也再因为如此原因，人类有权利要求宗教必须合乎一定的品格。否则，人类有权力将其连根拔除。

高贵的归属于高贵。世俗的归属世俗。宗教不可以拼抢世俗之物，为世俗不可妄议宗教创造先决条件。

世俗的领域适用世俗的方法，世俗的方法是保护人类和人类发展物质财富的特别方法。世俗领域可以以私欲为基本考虑因素，并当然可以使用逻辑方法去制造财富。无论真高尚或假高尚理论，都必须远离这种人类具体的生活、生存技术领域、世俗领域，否则再没有理由称作高尚。

道理并不复杂，如果都是依据必须存在和存在又必须正确，两种理论系统的区别是抽象的：世俗领域的产出品将要积累人类的力量，高贵领域的产出品将要告诉人类，把力量用到哪。

但这不影响以下，即已经明确的出自社会科学的结论：

所有宗教或宗教式政党、团伙，都不许把持社会秩序的秩序中枢。

第四部分

复合的例子

真实性，社会实体个体的真实或事物现象的真实性，都是社会科学的重要内容。

考虑问题是从真实性开始，并在整个考虑的过程之中再注意真实性的漂移现象及真实程度是否足够支持继续考虑。

以下的复合例子概略地说明一般道理。

社会科学的若干原理，很久以来就已经开始被无规则、无系统地应用。而且是每项原理被应用，都能取得实际效果。也对应地比较出，不应用社会科学原理所付出的代价。

社会科学理论应用的外部条件，主要是秩序中枢的条件、秩序的条件。

从社会科学理论的自身情况看，到目前为止，这种理论的逻辑起点、逻辑链*条都不清楚，理论的系统性也不是很清晰。

今天的世界，不算糟糕透顶，与有些社会科学原理已经被应用有关。对人的愚化、杀戮又经常发生，是社会科学原理没有被系统地广泛应用有关。

已经被应用的社会科学原理，不是出于一套完整的科学思路，是散放状态的社会科学知识，是孤立原理的孤立应用。

事关秩序中枢、事关人的基本情况的认识，没有上升到理论应该达到的精度，此时的社会实践就是大方向的摸索。所以，人类社会进步没有停止，是事实。为进步支付的代价也经常是流血的代价，这也是事实。

　　粗糙或更粗狂的选择方案，也可以摸索到一些社会科学原理。但这需要运气。

　　以自由、人权观念而论，这只是概率性地可能性地选择出更适合人的秩序，什么情况更容易摸索得到更适合人的秩序，另有规律。

　　自由、人权观念的全面作用是很复杂的，它本身不可能是原理。

　　因为复合性的粗糙原则，有广泛用途，但毕竟精度不够。理论和实践都已经证明，这没有被精密认识的观念，被当做原则使用时，这其中包含着的破坏秩序的作用，可能就起到了事与愿违的后果。

不管人们对欧美政治制度有什么说法，大概率的或行为事实取向地看，人们是认可、推崇欧美政治制度的。追求欧美制度、梦想建立欧美制度的绝不是少数人，也绝不止于几百次实验，他们之所以不成功，与他们理论上的努力方向，原则和原理的混合使用等等都有直接的关系。

真实情况就是这样，欧美人做到的、欧美人得到的，是在基本正确方向上摸索出的幸运，这与具有清楚的起点、明确的终点的摸索截然不同。

欧美完成制度化建设以后，世界各地群起效仿，绝大多数都以失败告终。有些人认为，不同地区有不同的宗教、文明等等，这使得欧美制度不能普遍适用。这种看法是错误的，这也是不同质量的劣质权力在世界不同地区得以继续的思想基础。

不同地区有不同条件，这是不争的事实，依据不同条件选择正确或选择正确方案难易不同这也是事实，但这是次级原因。首先的、主要的是，是不是已经知道了正确，或是不是有正确方案。即理论上是不是真正清楚，行为上是不是真正的正确。

因为欧美人是以大方向正确筛选出来的基本正确。他们本身的理论性工作就没有完成。其他地区的人们如果肯付出时间或实验代价，也当然能取得欧美人的这般成果。即以寻找建设合理权力为先决条件，此后涉及次级层面，即所有的各个地区的不同条件，决定付出的时间和实际代价。——这显然是在不应用社会科学，靠大方向正确误打误撞的情况。

欧美情况，是复合的实例、是综合后

果，而却欧美人也没有认识到他们之所以基本成功的关键所在，也不是很清楚他们宝贵经验的精髓所在。欧美人也就不可能提供精密的操作理论。——也就是从这个角度说，使用欧美经验要经过深度研究，找到真正的原理之后使用那些原理。

欧美的法律系统，从宪法到各类基本法，其总量使一个人凭其毕生精力不能尽读。经济学著述，其总量一个人也不能尽览。政治理论书籍也是浩如烟海。仅关于选举技术的书籍也高过人顶。等等，这些都是子项具体知识，与初级的制度建设没有太大的指导价值，反倒是秩序建设完成以后，有重要参考价值。

从认识人的实际，从符合人的思考功能之处开始，再从建设秩序中枢考虑，这是客观、科学、严肃考虑的开始，以此预设方案应用相关秩序原理，科学合理的秩序中枢才可能干净利落地建成。——但通向民主道路的实践不是如此。

人们对选举权、选举的认识，明显有误，这与欧美经验的复合、复杂性样板产生的指导作用有关。

以美国人权逐步地进步为例。

美国是在建国以后再经过一个相当漫长的岁月，白人妇女和黑人才陆续获得选举权。

很多人认为，这就是美国历史的污点。美国的民主理论家或政治理论人士，大多也持有这种看法，认为这是美国人权史的污点。——这是错误的看法。

如果华盛顿时代选举权就是普遍的，

美国早已经彻底消失，今天美国的土地上可能是十几个国家胡闹的舞台，而且每个国家的每个权力，都会声称文化文明不同、传统不同、宗教不同等等，用以维护不同的国家，实际是维护不同的权力。

就因为美国选举权逐渐达到普遍，美国才能幸存下来，直至成为一个超强大国。这种判断，是合理的判断，是冷静的判断，持这种判断的人估计也不会很少，只是他们一般不敢明说，为什么不敢明说，就是社会普遍知识条件的原因。

假如有人权人士诸如白人妇女、黑人人权领袖等等，对本书的这种论断反对，可以冷静之后看清楚其中道理。任何人只要有能力回答，儿童应不应该有选举权，就一定能触及更深度的要害。

纯理论地说，这实际是"选民"质量的议题，不是性别歧视、种族歧视的议题。

选民的知识情况、信息情况，是选民质量的重要因素。以华盛顿时代的当时情况，让知识状况、信息状况最好的人出面行使选举权，其选举结果更具有实际的进步意义。

　　人们对美国的这个经验，作出了错误的总结，意识不到选举的精髓，人们就必须付出惨痛的代价。事实也是如此，普遍公平的选举，彻底摧毁秩序的不胜枚举，彻底摧毁优质的秩序中枢的也是经常。

　　思考功能健康健全是人的起码标准，时代所至进程所要求的基本知识、基本信息情况是附带标准，这些基本标准界定基本合格选民，此种合格的人的选举，就是基本有实际意义的选举。

　　独裁制度下的选举，不是普遍性不够，也不是假选举，问题所在如前面所述，是使命感畸形以后、知识配给以后、信息分发完毕以后。——社会科学知识解读这种选举：这是对人类的侮辱、是对选举制的嘲弄。

那么人们用选举决定秩序中枢、决定秩序中枢值守人的时候，要求什么样的选举人，答案是清楚的。

基于对美国经验的精准理解，基于对人的正确认识。选举，无论于何种情况、何种条件、任何时间展开，都必须给以必要的准备。

社会科学所要明确的准备，就是让人们尽可能恢复到思考功能健康健全，让人们尽可能掌握必备知识，让人们尽可能掌握相关信息。此后，再开始选举。

欧美发生的一切，有很多值得吸取的经验，有许多应该继承的成果，而且实体成果比抽象成果清楚。自然科学方面的不必论述，其中诸如：政党和社会科学的研究机构、教学机构。

1. 政党的概念

欧美的政党与世界各地的政党，层次地位不同。欧美的政党，都有在权力舞台上可上可下的心理准备，有些在实际经历之中也有真实的上下。这一点其实很重要，因为一个党长期独裁，会刻意营造党与国家命运的硬性连接，产生亡党即亡国的思想意识。其实，一个执政党或多个执政党在政治舞台上的进进出出，本来就不是什么太大的事件，而在一党长期独裁情况下，可能会成为天塌地陷的大事。

欧美的执政党，是从多党制存在为前提下再由选举制决定其未来。关于这些的表面现象，是多党制的法律条件、选举规则等等，而深层次的道理更多，其中主要的是关于秩序中枢人才的准备状况、来源的问题。

如果人们不是从实际意义着手准备，而是从如何以多党制法律条件下生存，如何以现有的选举制条件获选，那显然，政党由于淡化执政专业技术将会成为政客的摇篮。事实上这种情况，在欧美经常发生，但是，另外的一些国家，尤其是那些秩序中枢还很脆弱的国家，根本就承担不起政客的花架式秀。

把权力提升至秩序中枢看待，把权力人物直至权力的顶级人物，放到是秩序中枢岗位值守人的地位看待。这更容易从岗位值守人的实际作用角度思考相关技术要求、思想品格要求。

欧美的政党，或那些目标就是准备成为执政党的，客观上，都已经成为向秩序中枢输送人才的摇篮。但人们还是要清楚，由于要适应选举条件，政治家与政客重叠的情况会经常发生。他们的国家领袖究竟是政客的成分大还是政治家的成分大，是随机的。

随便提及，也正由于欧美文明能力和文明地位的关系，欧美国家的头面人物政治家、政客的成分不同，其对世界的影响后果也大不相同。例如，苏联的戈尔巴乔夫时代，与美国的里根、英国的撒切尔重叠，导致世界出现了二次世界大战以来的最重大变化。

民主幼年时期的国家，没有注意欧美关于政党的这些复杂、符合内容的精髓，在社会大面积缺乏秩序值守人的情况下，技术准备基础条件也不好，很容易产生政客成分更高的领袖。

世界各地的政党，有些与欧美的政党或欧美的执政党比较，是本质的不同。

关键不同之处是这些所谓的政党，是

思想体系团伙特征或宗教特性的。这些政党都有近期不能实现的宏伟远大目标，有代表全人类的、有代表神明意志的种种。如前所述，这都是用信仰假设、猜想的思想体系与人结合的新单元、特异体。这些人所持有的理论，如果就学术性的专研其坚持的理论，那理论产生的社会效益一般都是不可以随便低估的，但那与秩序中枢建设，没有直接益处，而再以一个特异体或新单元出现，要把持权力，没有科学性可言，没有正确性可言。

欧美政党，特别是那些在权力舞台上经历过几上几下的，是权力专业人才的摇篮。用社会科学解读，这是秩序中枢专业人才的摇篮。

就秩序中枢而言，从秩序中枢的角度论，秩序中枢需要稳定和专业人才。

欧美人，仍然是盲目地达到了社会科学关于秩序中枢要求的基本内容。

他们这种政党的真正意义和实践之中表现出来的实际的作用也是如此，它为值守秩序中枢提供了专业人才。关于这方面的认识，不要停留在表面，更不能以夺权思想、得到权力的思想去评断他们实际做法产生的实际后果。

秩序中枢，对人才有特别高的要求。秩序中枢人才的来源问题，是必须考虑的重大问题，目前欧美在这方面的实践，是有经验可以借鉴的。

如果有其他更好的经验，或现有经验更科学化地完善，其考虑方向当然应该是更清楚，那就是秩序意义的考虑：为秩序中枢准备人才，应该更公开化、公示化地明确。

2. 社会科学的研究机构、教学机构。

社会科学的研究机构、教学机构，最先在欧美产生，是欧美自由思想、自由思考、知识自由发展的产物。

就名称而论，"社会科学"院校或研究所之类的，应该是研究机构产生在先，教学机构产生在后。但毕竟，其等产生之日，"社会科学"还没有科学的界定。

现在，欧美有社会科学院校，世界各地，也不乏社会科学院校。各个的存在根据大不相同，其作用也大不相同。

欧美的社会科学院校，集中于社会现象的研究。独裁体制下的社会科学院校，一般是致力于把统治者思想意志用科学手段传输。*

欧美的社会科学院校，在社会现象方

面的研究，业绩显赫。但毕竟没有完成"社会科学"本身的科学化。

从一些迹象看，社会科学已经到了即将名副其实、最后完成科学化的阶段。

现在，有一个课题需要思考。

独裁者、独裁体制是随着时代进程有所变化的，即愚化人的本能不变、阉割人们的思考功能的愿望、本能不变，但可以技术更新，也可以掌握新技术。

比如，宪法产生以后，独裁者纷纷效仿去制作一套可以被统治者管理的宪法，并也相应地产生了可以被统治者管理的立法机构、执法机构及一整套可以被统治者玩弄于鼓掌之间的法律。

再比如，欧美新式治军思想和新式军队建制，独裁者可以学，只是军队的所属性、实际用途不同而已。

可以这样地说，实际上只要是有的，无论是新知识还是新科技成果，有利于独裁者享用属性的都可以学、可以拥有，有利于独裁者安全的也当然可以学、可以拥有。也正是这种变化，中世纪以后的独裁者更凶狠、更冷酷。

那么社会科学被独裁者应用，又会怎么样呢。

社会科学，是基于思考功能健康健全的人的秩序的科学。这里没有怎样阉割人的思考功能的技术。而基于"思考功能健康健全人"的考虑，有利于促进独裁者思考方向的良好飞跃，当然，独裁者是个利益小人或先天弱智除外。

这些主要是可以明确，社会科学是独裁者无法应用的科学，因为应用人首先必须基本合格，并动机就是为了社会进步，才可能使用社会科学。也就是说，这样一门科学，不会像枪炮、核武器一样，给人类社会增加新的危险。而却，这一门科学有降低已经存在的那些危险的作用。

欧美人盲目做到的，盲目收获到的确实都与天赋人权、自由、平等有关。但欧美的负资产也于这有关。

欧美经济秩序的原理，对经济发展科技进步好处不必说，问题是指向"生活更美好"的需求，是无节制的，以极端宗教或独裁角度指责其社会"腐化、堕落"是另一角度的问题。但毕竟，符合"生存需要"和"生活更美好"，在理论上就需要一个度，以防止社会资源的概括性浪费。

事实上，欧美已经在很久以前开始解决这些问题，只是这些问题不是被明确地摆出，所以其解决的效果很有限。这使得欧美以外的人，再一次地不知道应该怎样找到精髓，不知道实际意义和不知道实际意义来自于哪个道理。*

其他，诸如不负责任的自由主义、享乐主义泛滥，等等都属于同一思路下产生的负资产。

欧美制度，是在一个大概正确的方向上盲目运作保护了人的思考功能。以后果论，这是这种制度基本合理，这种秩序基本优良的判断依据。但不同地区的人们，需要明确无误地知道这种情况，提炼精炼的道理、清楚的原则，才可能依据自己的条件灵活使用。而复杂现实托起的复合物，有与其现实多面接触的共生关系，不可能、也没必要切割后移出使用。

社会科学针对欧美的制度所指出的经验就是，设计制度的初衷必须是以人的思考功能建康健全为依据、为目的。秩序的后果、效果，必须是思考功能建康健全者能在这种秩序下生存和发挥作用，秩序本身能使人们达到思考功能建康健全。

这种秩序中枢、这种秩序，现在不应该再凭运气去摸索。

第五部分

社会科学的前景

社会科学的研究，在欧美"社会科学"研究的带动下，主要是针对社会现象的研究，其成果也相当丰富。*

　　社会科学是基于对人的认识。其一，在方法论上是以真实为基础并至于一定程度的真实。其二，认知人的思考功能以后，是保障这种思考功能和满足这种思考功能所需。

　　在方法论上，对人的真实情况当然应该再发现和再研究，包括次级功能的认识和研究。

　　对已知的人的思考功能保护、不得损害，是最低标准。供给时代所至的知识或常识，是一般标准。

　　因此，社会科学对既往的分析和判断不同。

　　举一个例子、一个比较极端的例子。南美丛林或非洲原始部落，仍然有与现代文明隔绝的人群。既往，人们会以鉴赏远古文明、尊重古老传统的眼光看待。

社会科学知识，断然反对这种鉴赏、或尊重。因为实质问题是，他们究竟是不是人？他们应不应该获取现代知识？

分析文明、文化、传统、习俗等类问题，首先要析出必须以"唯一正确"考虑的内容，即不能将优劣分类之中的劣质归属于"丰富"之中考虑。

对那种与世隔绝的落后群落，应该将其移入现代文明环境，尤其要让那些没有选择能力的幼儿，获得知识供给。更何况，现代人的成人，一旦带领自己的未成年后代，长期脱离现代条件，文明国家以法律做出的判断是那成年人违法。

继续用前面那个例子。对陷入劣质文明的人们，来自先进文明的解救，是一般的和首选的甚至是唯一方案，等待他们自救不能称其为方案，辅助他们自救也不是主要方案。

这样一个极端的例子，人们容易看清楚他们大致的未来文明进步取向，他们很有可能把怎样纹身、纹出什么样的花纹、是不是把脖子拉得更长、是不是把耳坠拉长、是不是把嘴唇拉长当作一个内容、甚至是重要内容。而却在低层次徘徊，具体技术性并不简单，专业技术人员的真功夫也确实很难练就。比如，把人的耳坠豁口做到比碗口大，那技术的确非同凡响。——社会科学知识可以指明这种"高级技术作用于低级"是一种经常的社会性错误。

前面的例子，可以说明被混淆的道理：陷于各种不良秩序、被不良的秩序中枢控制的人们，一般情况下，他们不能自救。

*

社会科学的另一重要方面是关于秩序，这是秩序中枢到全面秩序的议题。

这个内容决定了社会科学的实质地位。社会科学的定性和定位，有助于看清楚其他学科或知识的价值。

宗教、文明、习俗、民意、国情等等，这些经常是在真实情况还没有弄清楚、被指定的"真实"在讨论之中有经常漂移，然后就成为政治议题的依据。这些，外行糊弄外行、内行愚弄外行经常发生，并其不确定的后果经常决定重大事项。---社会科学将要解决这些问题。

社会科学能明确和平与进步的基本方针，并将在研究方向上继续更加明确这一方针。

关于秩序、秩序中枢，只适合"唯一正确"考虑。以秩序中枢论，现在人们基本是在"丰富性"思索框架之内的和平，大概就是共融或包容，无非是不同质的秩序中枢，无力互博或稳定于相互欺压的情况，这是劣质的和平甚至不可以称之为和平，这也不是全人类一体化进程的方案。

趋同标准，不可能依据各自的不同，在理论上也不可能依据各种不同之中的哪一个为趋同方向，客观地趋同方向只可能是一个，即"唯一正确"。因此，社会科学明确的秩序中枢目前就是，任何秩序中枢都以自己的实际条件、用自己可能利用的一切条件，向最科学、最有益方向转变——朝此方向趋同——这里当然有许许多多的课题需要继续研究，当然有许许多多的工作。

社会科学的应用与应用人的品格和动机，有决定性的关系。无论事实或理论地看，不打算使用社会科学，社会科学的应用无从谈起。欲使社会科学能为劣质权力服务，社会科学之内的具体细节上的技术，就只可能为不科学服务。聪明人为蠢货打工是经常，精神病持有高精尖科技产品也不是很少的例外。

社会科学应用是以思考功能健康健全的人为设计起点，其秩序是思考功能健康健全人的秩序，并这种秩序就是为思考功能健康健全人而设立。其关键点是人，但人不是被设计的，而是被设计的产品即秩序、秩序中枢服务的对象。

又因为，不可能先设计全面的秩序再设计秩序中枢，且秩序中枢产生，全面的秩序旋即产生。

因此，社会科学的研究方向，首先是秩序中枢。

关于秩序中枢建设，只适合"唯一正

确"考虑。不是各自去建立适合各自特点的秩序中枢，是从各自特点考虑如何建立最科学、有益的秩序中枢。

以各自不同的特定条件，去建设最科学、最有益的秩序中枢，对各自的各种真实现象，从考察到理论准备，都是艰巨、精密的工作。只适合长期持续注意的专业人才承担。

欧美及世界各地，这方面的人才都很充裕，其中主要的问题就是研究许可和研究方向的两个问题。独裁制的条件，这方面的人才是不允许做这种科学的研究，一旦允许或有可能，他们的独特见解也会能补充很多社会科学的科学细节。

而欧美的社会科学人才，可以自由研究，也有广阔的考察空间，他们更适合直接设计秩序中枢建设的普遍通用方案。——但此方面显然还有大量该做的没有做。

哪些属性优良的秩序中枢，要向更科学、更优良方向发展。

从现象之中就可以看出问题所在：这些秩序中枢，合理成分多，科学成分少。

社会科学所称的科学，与合理或有益有没有冲突，而是这种科学包含着科学、合理、有益。*

社会科学的研究要面对实际应用。

实际应用，即包括秩序中枢的，也包括全面秩序的、子级秩序的及秩序的某个方面或某个环节的。即包括若干社会现象的解读，也包括出具对不良现象的矫正方案等等。

社会科学的研究，要能为实际的专业工作团队或提供社会科学服务的团队提供理论支持，尽管到实践的层面，实干的团队也会有理论成果。但专业理论研究仍然是不可或缺的。

自然科学的理论研究团队和服务团队，由于其清楚并且是客观性明显，而有清楚的需求市场。社会科学也完全可以，因为社会科学指向的也是客观的内容，即关于思考功能健康健全人的和秩序的。

可以预见，社会科学研究团队和提供社会科学服务的团队，也一定有很好的商业市场。并且这个市场早已存在。*只是这些团队的专业标志或规范化的形象尚未定型。

他们急需定型，他们定型的深远意义很多！

他们将会推动一个需求市场的形成，使社会科学的应用更透明，人们对社会科学的实质需求情况就会全部暴露出来，涉及秩序岗位上值守人的质量问题，也会公开化。人们认识更公允，也能增加人们更多地从秩序的角度考虑问题。那时，会设计或改造各个层次、各个门类社会秩序的新专业人才，必然受到广泛欢迎。

他们的出现，将使外行作用于秩序中枢的情况，减少直至完全消失。

既往，和平奖的得主或者其他奖项的得主或其他种种原因获得信赖的人，他们自身由于不是真正地具备秩序中枢知识、秩序知识、真正的社会科学知识，导致他们在秩序建设上一事无成，有的甚至还起到了破坏作用。

社会科学的工作团队工作的内容、客观性地位清楚，这有助于这个工作团队的客观化、科学化发展，也有助于人们简易识别。

否则，即如已经发生的和现实正在发生的：

社会名流，很容易成为政治明星，并提供政治服务。许多人，不是潜心致力于客观意义和客观价值，而是不择手段地获取政治信赖，再去谋求政治职务，再去施行所谓的政治改革方案。

本身并不懂政治的政治活动家，去鼓动更不懂政治的人们做政治判断。现实的那些所谓的政治活动、或社会运动，经常是以制造"群情激奋"为工作目标。这很不专业，当然他们也不承担专业责任。

这些，都是政治玩笑并拿实际后果开玩笑。专业的社会科学团队，可以结束这种玩笑。

就秩序中枢而言，专业工作团队，无论是秩序中枢建设，或者是解决现有秩序中枢之中的问题，解决完毕就走人，就权属关系论，与一般机械修理工的情况大抵相同。

就全面秩序之中的个别问题而论，也是如此，大同小异。假如某个城市，出现了市一级的问题，或市内的某一专项除了问题，社会科学服务团队出面解决，这不应该算是大惊小怪的事情。

以社会科学知识提供服务的团队，与自然科学知识提供服务的团队，就客观性而言，没有实质性区别，只是工作对象、服务项目更重要，但并不因更重要而失去客观性。

国家领导人聘请顾问，自古就有，市长聘请顾问也不出奇。经过专门改造更专业化的社会科学的理论服务或实际操作服务团队，与既往情况比较，要解决什么问题更清楚、操作更规范化、服务范围更广，而却介入及退出时限也都清楚。

美国排在前十位的最危险城市，都有什么问题，那些问题怎么解决，专业的社会科学专家，都会有大概的看法。那些看法一般不会细化到可以应用的程度，其原因是他们看不到应用的可能（因为没有形成可以工作的团队），所以他们没必要再持续认真思考。

接下来的问题是，如果他们继续思考并有了解决方案，可不可以上门推销？在美国，这是现在就可以展开的工作，是可行的。

中东某个国家秩序崩溃，某个团队有解决方案，去找联合国推销。这在未来，也一定是可行的。

或许可行或许不可行，其关键可能就在于这个团队的标志。

所以，具备条件的要首先脱颖而出，勇敢地站出来，去提供专业化的社会科学服务。欧美的一些政党、质询公司、智库，已经有这种能力，只要他们的针对性改造完成，客观化定性被认可，他们旋即就可成为和平与进步事业的主力军。

当"社会科学技术服务队"，如同核能服务团队、装修团队，常规化地存在、活动，人们对社会秩序的看法，会发生飞跃，随便乌七八糟的说法阻挡秩序优化，就从经常可以到彻底不可能。*

当秩序中枢合理或基本合理，全面的秩序合理或基本合理，每个成人都是思考功能建康健全的人时，人们的生活也舒适或基本舒适。——这一切，究竟又有什么意义？

这势必再回到信仰议题，诸多猜想、

诸多问题，都涉及终极问题，都涉及终极答案。

人们无论于何种条件，都不会停止思考终极问题，只要大自然或上帝赋予人的思考功能还在。

本书也有自己的如下考虑：

1.岩石到星球等类的实物，有射线之类释放。（现在发现的、并且是现在语言能力描述的）

2.植物，也有自己独特的生物电流之类的释放。

3.一般动物，有更复杂的思想电流之类的发散到外太空。

4.人类，有更更复杂的、更更高级的思想电流之类的，发射向那尚不知晓的领域。

以上这些，在那真空的世界或外太空

不是毫无意义、毫无价值、毫无作用。

另外，高科技望远镜提供的视频已经证明：星球之间的关系、星球的运动，不是星球之间的引力或星球自我产生的什么力量决定的。决定星球运动的力量和决定星球相互关系的力量，存在于尚看不清楚的太空世界里，人们也不知道那种力量的运用规则、运动线路，但基本可以肯定，是看不见的世界，操控了看得到的世界，——"虚无"控制实体。

人的思想的、意识或叫做电流的等等也发散到了那个看不见的世界。极有可能人的发散物在某种特别的安排下，参与了那种决定性的力量。

也就是说，人的"永恒生命"之说不是虚妄。

人类，这种被特别受造，已经具有更高级、更特别的思想意识，一定有其特别的意义、特别的用处。有必要设想，自然造人或上帝造人，其特别用意就是要人产生高品质的思想去用于"外太空""虚无"的世界。至于人的思想是怎样进入那个未知的世界，在浩瀚外太空有什么作用，猜想和科学都需要同时再迈出一大步。

以上，当然是猜想，是没有确定性根据而有由头的猜想。可以成为信仰专门研究的诸多猜想之一。

信仰研究一定要专业化、职业化才可以，由于这些最大问题，涉及每一个人的最终，涉及人类的最终。值得抛弃谋取权力、谋取世俗尊严或世俗实惠的种种打算，去专门研究。

信仰专业的研究，就是要回答终极问题、终极真理的相关问题。本书，对这种研究的人报以崇高的敬意。

至于每个人，提高思想境界、提高思想品质，可以有两个好处：沿着以上有由头的猜想，可以追求永恒生命并且是高品质的永恒生命。保守地应用于现实，仍然对现实有益，对自己和对他人同样有益。

每个人有权利提高自己的思想品质，每个人都可以用不同方式追求终极真理，当然也可以结队追求，只是不可以妨碍他人或损毁秩序。理论和实践都已经证明，只有在优良的秩序之中，才可能允许每个人都去追求终极真理。

后　　　　　记

本书，如果只是大概了解，关键词是：人、秩序中枢。如果继续研究是：个体或事物的事实、真相。

　　虽然内容短小，但仍然有一部分与我其他著述的内容有重复。

谢谢！

孟繁柱

2015/12/20

www.ingramcontent.com/pod-product-compliance
Lightning Source LLC
Chambersburg PA
CBHW071408280526
45787CB00001B/482